Samuel Cameroun

Il y a un seul Dieu !

AF549194

Samuel Cameroun

Il y a un seul Dieu !

Éditions Croix du Salut

Imprint
Any brand names and product names mentioned in this book are subject to trademark, brand or patent protection and are trademarks or registered trademarks of their respective holders. The use of brand names, product names, common names, trade names, product descriptions etc. even without a particular marking in this work is in no way to be construed to mean that such names may be regarded as unrestricted in respect of trademark and brand protection legislation and could thus be used by anyone.

Cover image: www.ingimage.com

Publisher:
Éditions Croix du Salut
is a trademark of
International Book Market Service Ltd., member of OmniScriptum Publishing Group
17 Meldrum Street, Beau Bassin 71504, Mauritius
Printed at: see last page
ISBN: 978-613-7-37221-0

Copyright © Samuel Cameroun
Copyright © 2020 International Book Market Service Ltd., member of OmniScriptum Publishing Group

IL Y A UN SEUL DIEU !

Ephésiens 4 : 4 - 6

Pour VOUS !

La présente étude Biblique, *" Il y a un seul Dieu ! "* Figure dans un sous ensemble de la collection d'une série de sept messages doctrinaux fondamentaux indissociables ; tiré d'*Ephésiens 4 : 4 – 6,* et qui rejoint *Proverbes 9 : 1*, qui déclare que « *La sagesse a bâti sa maison, Elle a taillé ses sept colonnes.* » Les sept colonnes, constituant les sept piliers doctrinaux des saintes écritures pour l'Eglise des Chrétiens, nul ne peut donc appartenir à Christ, sans y avoir accepté ces sept piliers comme appuis à la vérité divine !

Nous rappelons que l'ensemble de cette présente collection est intitulé *" Que Celui Qui Lit Fasse Attention ! "*

Encore une **"Bonne nouvelle ! "**. La collection se compose de 20 autres études bibliques, qui la complètent. Ces études bibliques ont toutes été conçues pour votre croissance et votre édification spirituelle !!!

La Paix de Dieu au-dedans, La joie de Christ au dehors ...

PROLOGUE SUR LA...

Collection de la série chrétienne
" QUE CELUI QUI LIT FASSE ATTENTION "
(Mathieu 24 : 15)

Au cours de notre marche spirituelle, nous aborderons les fondamentaux de la saine doctrine chrétienne qui en est la colonne et l'appui de la vérité. D'après l'apôtre Paul encourageant son fidèle compagnon dans 1 Timothée 3 : 14 – 15 il lui écrit : « *Je t'écris ces choses, avec l'espérance d'aller bientôt vers toi, mais afin que tu saches, si je tarde, comment il faut se conduire dans la maison de Dieu, qui est l'Église du Dieu vivant, la colonne et l'appui de la vérité* ». A la suite de l'apôtre Paul, les études de cette série, coupleront tout au long, les thèmes de la doctrine biblique à ceux de la prophétie, car Jésus-Christ exhortant fraternellement l'Eglise qui en est " Membre de son Corps " est toujours présent aux côtés des siens. Pour cela, les enseignements de la présente collection s'appuieront essentiellement sur les livres conjoints de la *Révélation* (*Apocalypse*), juxtaposé à celui de *Daniel*, pour confirmer cette bonne nouvelle du message de l'évangile. Puisque, arrivés à la fin des siècles, la doctrine évangélique, les dix commandements de Moïse et la prophétie ont été recommandés précieusement aux chrétiens authentiques, pour leur servir de boussole dans l'obscurité des ténèbres du mal. Ceci en raison de l'esprit d'égarement qui a conduit à l'apostasie doctrinaire, désormais rendue très populaire, parmi toutes ces communautés de prétention chrétienne que la Bible nomme de « *Babylone La Grande La Mère des Impudiques* ! » *Apocalypse 17 : 5.*

Aussi, devons-nous chercher Dieu avec toutes nos forces, nous qui sommes la génération parvenue au terminal de l'histoire de ce monde destiné à sa ruine imminente et éternelle! C'est Jésus seul, qui en a déterminé les conditions de salut pour quiconque veut sincèrement échapper en sortant de ce monde d'impies. Car il le déclare solennellement : « *personne ne peut venir à lui si le Père ne l'attire...* » Cependant une fois venue au Seigneur, sachons également que Jésus ajoute : « *nul ne peut aller à Dieu sans passer par Lui (Jésus)* ». Finalement quel est le but de notre marche chrétienne ? Et qu'est-ce que l'Eglise du Christ ? Peut-elle être une organisation dénominationnelle ? – Les Assemblées chrétiennes doivent-elles dépendre d'une quelconque agence gouvernementale pour prouver qu'elles sont l'Eglise de Christ ?

Alors que les vrais chrétiens s'apprêtent à faire face à la pire persécution de l'histoire sainte, par le *« 666 »* qui conditionnera bientôt tout Homme, - Nos finances à l'exemple des dimes doivent-elles être engagées pour nous gagner le ciel ? - Le Christ est-il encore présent dans ces dénominations appelées Eglises ? - Qui devrait être à la tête de l'Eglise du Christ ? - Comment se construisent actuellement les communautés chrétiennes sous le seul Berger, Jésus-Christ ? – L'Eglise de Christ en a-t-elle de responsables visibles ? – Cette Eglise de Christ peut-elle entretenir la corruption ? Peut-elle tant soi peu compromettre notre salut par quelques doctrines non scripturaires ? Quelle Eglise en effet aujourd'hui, est parfaitement en conformité avec la sainte volonté de Christ révélée dans la Bible ?

Pour toutes ces interrogations et tant d'autres qu'on en oublie certainement, la collection *"Que celui qui lit, fasse attention"*, propose exclusivement des réponses bibliques simples et assez complètes suivant chaque thématique abordée. Les réponses à ces questions ci-dessus en énoncé disons-le, ne seront données qu'aux cœurs humbles, voilà pourquoi la présente série chrétiennes *"Que celui qui lise fasse attention "*, est une suite de messages vivants. Ils ont été conçus en tenant compte des besoins spirituels de notre génération, surtout des prophéties dont la Bible, par la révélation et l'enseignement doctrinaire de Christ, des apôtres et des prophètes d'autrefois, nous invite à scruter jour et nuit sans relâche dans une vie de prière, leur accomplissement, afin de nous donner la force de paraitre debout devant le Fils de Dieu, au dernier jour. Voici la promesse de Christ à son Eglise *« A celui qui vaincra, et qui gardera jusqu'à la fin mes œuvres, je donnerai autorité sur les nations. »* *Apocalypse 2 : 26*

NB: Sauf indication contraire, les références bibliques citées en études, sont tirées de la version des saintes écritures (Louis Second). Et pour chaque thème, vous pouvez consulter le sommaire en page 67 et 74. Par l'indication ordinale (question-réponse), toute réaction particulière, pourrait susciter un accompagnement biblique personnalisé et/ou communautaire, tant soit peu, que vous vous manifestiez sur notre site internet, par appel téléphonique WhatsApp ou sur notre adresse électronique marquée au bas de chaque page.

L'Eglise vous présente ainsi une série de *« 27 études bibliques »*, complétant autant de messages vidéos, audio, en version électronique téléchargeable sur le site internet *wwwchrétiens-église.org*. Tout ceci pour un égal nombre de livrets, à offrir progressivement, selon que le Seigneur Yahwéh Dieu, y pourvoira avec miséricorde et grâce en Jésus-Christ !

L'ensemble de cette collection est gratuitement offert, afin de respecter l'esprit de Christ qui nous a recommandé d'en faire don, puisque nous l'avons reçu gratuitement :

ALORS IL N'APPARTIENT A PERSONNE DE VENDRE CETTE PAROLE DE DIEU !

Mais au préalable, nous vous invitons à recevoir la lettre de l'Auteur écrite pour vous les lecteurs. Cette lettre pourrait vous servir de feuille de route et de guide pédagogique. Cependant il n'est jamais chrétien de croire que notre Seigneur agira identiquement dans tous les cas, au cours de votre croissance spirituelle, ou du ministère pastoral d'évangélisation à travers vous. C'est pour cette raison qu'une fois de plus, nous vous invitons à demeurer attentif à sa voix spirituelle, au travers du canal infaillible que représente pour quiconque, la lecture assidue de sa parole, la Bible.

LETTRE D'ENCOURAGEMENT DE L'AUTEUR, POUR VOUS !

Frères et sœurs, que la paix de Dieu qui surpasse toute intelligence, garde vos pensées en Jésus-Christ ! ».

Soyez la bienvenue, en empruntant avec l'Eglise, la petite voie très resserrée qui mène dans l'éternité, et dont seul Le Fils de Dieu, en est Le Guide et Le Souverain Berger…

Avant toute chose, nous vous conseillerons durant votre étude biblique, d'être critiques du sens des doctrines que ces saintes lettres aborderont. En cela, vous serez entrain de suivre les recommandations des Apôtres selon Actes 17 : 11. « *Ces Juifs avaient des sentiments plus nobles que ceux de Thessalonique ; ils reçurent la parole avec beaucoup d'empressement, et ils examinaient chaque jour les Écritures, pour voir si ce qu'on leur disait était exact.* »

Durant votre croissance chrétienne, lisez régulièrement votre Bible. Ecoutez le Saint-Esprit. Partagez cette richesse avec d'autres. Soyez généreux, surtout envers votre entourage. Sachez encourager des initiatives d'étude communautaire. Eprouvez ceux qui par esprit de vaine critique, vous taxeront de sectaire. Luttez sans vous laissez distraire par les ennemis de vos âmes. Simplifiez-vous la vie chrétienne. Assistez les démunies de votre voisinage, à commencer par les membres de votre famille. Impliquez-vous dans des campagnes d'évangélisation publique. Exploitez tous les créneaux de communication, et rependez la bonne nouvelle comme des semeurs de Vie !

N'ignorez personne dans vos prières. Appelez la faveur de Yahwéh Dieu sur ceux qui vous écoutent, mais également sur ceux qui vous résisteront. « N'ayez aucun ennemi…, vivez en paix avec tous…, et soyez en parfait harmonie… », Avec l'ensemble de l'Eglise locale de Christ dans le pays, la ville ou le quartier de vote résidence.

Frères et sœurs, « fuyez le péché » et « soyez saint » car « notre Dieu est Saint. » Et par reconnaissance à Dieu de vous avoir sauvé et envoyé, « chantez-Lui sans cesse des cantiques spirituels sous l'inspiration de son Esprit. »

Comme vous avez « reçu gratuitement », veuillez à ne pas briser cette chaine de solidarité ! Avec de nouveaux disciples, commencez par présentez l'évangile, puis abordez des thèmes doctrinaux en fonction de votre auditoire et de leurs besoins spirituels. Vous pourrez choisir les thèmes qui vous conviennent à vous, en obéissant à la voix du Saint-Esprit. Et comme « l'eunuque Ethiopien » sachez que Christ les rejoindra sur la route quand vous vous mettrez en peine de le leur enseigner, surtout à la jeunesse. Donnez-vous à vos Frères chrétiens « comme une offrande à Dieu », car « la moisson est abondante mais les ouvriers sont peu nombreux. » Aussi, rappelez-vous de la promesse de Christ dans la parabole des « ouvriers de la dernière heure »

Ainsi « notre joie sera parfaite » de vous savoir en route pour la céleste patrie, étant enfants de Dieu et serviteurs du Christ, si vous avez appris qu'il n'y a

« pas de plus grand amour, que de donner sa vie pour ceux qu'on aime ». De même « qu'il y a plus de joie à donner qu'à recevoir »

Enfin, soyez heureux, en attendant notre Sauveur Jésus, qui « n'oubliera pas votre participation à la propagation de l'évangile et du message de la vérité ». N'ayez de crainte, que de Dieu Lui Seul. Et puis, très vite faite nous part de votre témoignage : des dons que le Saint-Esprit vous aura gratifié, en vue de parfaire le corps du Christ. « Soyez bénie en tout point de vue ! »

*Alors, « **BIEN AIMES** », recevez ces études bibliques comme un présent du Seigneur Jésus, transmis par le ministère d'évangélisation depuis son Eglise du Cameroun, par votre dévoué serviteur et modeste frère d'Afrique, qui tient à vous rappeler que Yahwéh Dieu, par son Fils Jésus-Christ, vous aime d'un Amour Eternel. Croyez de même à notre dévouée affection fraternelle, par les arrhes du Saint Esprit. Amen !*

NB: *En fin d'étude biblique, aux (**Pages 77 et 79**) de ce titre, vous trouverez les différents thèmes proposés* *dans la collection d'étude Biblique " Que celui qui lit fasse attention". Nous rappelons aux lecteurs que cette série d'étude biblique chrétienne est disponible gratuitement pour votre édification au site www.chrétiens-église.org*

SAMUEL CAMEROUN, Apôtre du SEIGNEUR JESUS-CHRIST.

camerounsamuel@gmail.com *Tel* ***+ 237 690600469*** *ou* ***+ 237 679647767***

Texte introductif

Deutéronome 4 : 12 – 39

Et l'Éternel vous parla du milieu du feu ; vous entendîtes le son des paroles, mais vous ne vîtes point de figure, vous n'entendîtes qu'une voix. Il publia son alliance, qu'il vous ordonna d'observer, les dix commandements ; et il les écrivit sur deux tables de pierre. En ce temps-là, l'Éternel me commanda de vous enseigner des lois et des ordonnances, afin que vous les mettiez en pratique dans le pays dont vous allez prendre possession. Puisque vous n'avez vu aucune figure le jour où l'Éternel vous parla du milieu du feu, à Horeb, veillez attentivement sur vos âmes, de peur que vous ne vous corrompiez et que vous ne vous fassiez une image taillée, une représentation de quelque idole, la figure d'un homme ou d'une femme, la figure d'un animal qui soit sur la terre, la figure d'un oiseau qui vole dans les cieux, la figure d'une bête qui rampe sur le sol, la figure d'un poisson qui vive dans les eaux au-dessous de la terre. Veille sur ton âme, de peur que, levant tes yeux vers le ciel, et voyant le soleil, la lune et les étoiles, toute l'armée des cieux, tu ne sois entraîné à te prosterner en leur présence et à leur rendre un culte : ce sont des choses que l'Éternel, ton Dieu, a données en partage à tous les peuples, sous le ciel tout entier. Mais vous, l'Éternel vous a pris, et vous a fait sortir de la fournaise de fer de l'Égypte, afin que vous fussiez un peuple qui lui appartînt en propre, comme vous l'êtes aujourd'hui. Et l'Éternel s'irrita contre moi, à cause de vous ; et il jura que je ne passerais point le Jourdain, et que je n'entrerais point dans le bon pays que l'Éternel, ton Dieu, te donne en héritage. Je mourrai donc en ce pays-ci, je ne passerai point le Jourdain ; mais vous le passerez, et vous posséderez ce bon pays. Veillez sur vous, afin de ne point mettre en oubli l'alliance que l'Éternel, votre Dieu, a traitée avec vous, et de ne point vous faire d'image taillée, de représentation quelconque, que l'Éternel, ton Dieu, t'ait défendue. Car l'Éternel, ton Dieu, est un feu dévorant, un Dieu jaloux. Lorsque tu auras des enfants, et des enfants de tes enfants, et que vous serez depuis longtemps dans le pays, si vous vous corrompez, si vous faites des images taillées, des représentations de quoi que ce soit, si vous faites ce qui est mal aux yeux de l'Éternel, votre Dieu, pour l'irriter, - j'en prends aujourd'hui à témoin contre vous le ciel et la terre, -vous disparaîtrez par une mort rapide du pays dont vous allez prendre possession au-delà du Jourdain, vous n'y prolongerez pas vos jours, car vous serez entièrement détruits. L'Éternel vous dispersera parmi les peuples, et vous ne resterez qu'un petit nombre au milieu des nations où l'Éternel vous emmènera. Et là, vous servirez des dieux, ouvrage de mains d'homme, du bois et de la pierre, qui ne peuvent ni voir, ni entendre, ni manger, ni sentir. C'est de là aussi que tu chercheras l'Éternel, ton Dieu, et que tu le trouveras, si tu le cherches de tout ton cœur et de toute ton âme. Au sein de ta détresse, toutes ces choses t'arriveront. Alors, dans la suite des temps, tu retourneras à l'Éternel, ton Dieu, et tu écouteras sa voix ; car l'Éternel, ton Dieu, est un Dieu de miséricorde, qui ne t'abandonnera point et ne te détruira point : il n'oubliera pas l'alliance de tes pères, qu'il leur a jurée. Interroge les temps anciens qui t'ont précédé, depuis le jour où Dieu créa l'homme sur la terre, et d'une extrémité du ciel à l'autre : y eut-il jamais si grand événement, et a-t-on jamais ouï chose semblable ? Fut-il jamais un peuple qui entendît la voix de Dieu parlant du milieu du feu, comme tu l'as entendue, et qui soit demeuré vivant ? Fut-il jamais un dieu qui essayât de venir prendre à lui une nation du milieu d'une nation, par des épreuves, des signes, des miracles et des combats, à main forte et à bras étendu, et avec des prodiges de terreur, comme l'a fait pour vous l'Éternel, votre Dieu, en Égypte et sous vos yeux ? Tu as été rendu témoin de ces choses, afin que tu reconnusses que l'Éternel est Dieu, qu'il n'y en a point d'autre. Du ciel, il t'a fait entendre sa voix pour t'instruire ; et, sur la terre, il t'a fait voir son grand feu, et tu as entendu ses paroles du milieu du feu. Il a aimé tes pères, et il a choisi leur postérité après eux ; il t'a fait lui-même sortir d'Égypte par sa grande puissance ; il a chassé devant toi des nations supérieures en nombre et en force, pour te faire entrer dans leur pays, pour t'en donner la possession, comme tu le vois aujourd'hui. Sache donc en ce jour, et retiens dans ton cœur que l'Éternel est Dieu, en haut dans le ciel et en bas sur la terre, et qu'il n'y en a point d'autre. Et observe ses lois et ses commandements que je te prescris aujourd'hui, afin que tu sois heureux, toi et tes enfants après toi, et que tu prolonges désormais tes jours dans le pays que l'Éternel, ton Dieu, te donne. »

INTRODUCTION

Les premières paroles de Dieu, ses dix commandements, bien que transcrites directement de Lui, connaissent de multitudes interprétations et diverses doctrines émanant de ces codes de la communion d'avec son peuple. La dérive la plus populaire d'entre toute, est celle de la doctrine sur la Trinité. D'essence catholique, cette doctrine originellement païenne, fût importée des croyances hindouistes d'Orient, comportant entre autre le culte Marial, la dévotion au dieu soleil, des prières adressées aux anges et à divers esprits. Ce qui contraste avec l'exclusivité d'adoration réservée au Dieu d'Israël, le seul Dieu invisible YAHWEH, dont la loi mosaïque a expressément stipulée en ses Dix Commandements, son unicité.

PREMIER COMMANDEMENT DE DIEU A MOÏSE

« Tu n'auras pas d'autres dieux devant ma face. »

Dès le préambule du décalogue, on découvre aisément la particularité réservée à la Personne de son Auteur : l'adoration qui lui est due par ce peuple sémite, qu'il a récemment libéré de l'Egypte polythéiste.

Au risque de toute dérive, selon les épitres de Jean qui rappellent dans ces saintes lettres, *1 Jean 3 : 18 – 19*, *1 Jean 4 : 1 – 6*, ce que la nature de Jésus, par ailleurs devenue Homme, annonce des enjeux d'une apostasie doctrinaire, conséquence de la perdition du monde qui s'est mis à croire en un Jésus-Christ qui serait d'essence et en même temps de nature divine. Car selon le "CREDO " de la Babylone spirituelle, il (Jésus-Christ) serait Dieu, né du Vrai Dieu, engendré non pas crée, de même nature que Le Père…''. Pourtant la bible est claire sur les enjeux de cette doctrine portant sur la nature de Jésus. 2 jean 1 : 7 « *Car plusieurs séducteurs sont entrés dans le monde, qui ne confessent point que Jésus Christ est venu en chair. Celui qui est tel, c'est le séducteur et l'antéchrist.* » Dérives que les Hommes ont commencées d'amorcer depuis les temps apostoliques, jusqu'à la conclusion de l'histoire du monde, lorsqu'est apparu sur la scène internationale, l'être que la Bible a qualifié « d'Abomination *de la désolation* », « d'Homme *impie* », de « *Méchant* », « d'*Adversaire de Dieu* », tout simplement de « ***'' 666 ''*** ».

LES DOCTRINES PERVERSES CONTRE LA VERITE DIVINE

Les doctrines perverses et sataniques, qui ont perdu le Monde spirituel de la chrétienté depuis la montée de cet homme pervers, sont mises à l'actif de cette même personnalité, qui du moins se réclame avec cynisme d'en faire partie et d'y être même à la tête des apôtres comme **"Successeur De Pierre"**, **"Vicaire Du Fils De Dieu"**, **"Chef d'Etat"**, puis finalement « *comme Dieu Lui-même sur terre en s'autoproclamant comme tel dans l'Eglise, juste avant le retour du Christ, imposant la marque du chiffre spirituelle "666" à tous les habitants de la terre!* » *2 Thessaloniciens 2 : 3 - 7* et *Apocalypse 13 : 1 – 18*.

1. Comment Dieu parla-t-il à son peuple autrefois ? *Deutéronome 4 : 12*

« *Et l'Éternel vous parla du milieu du feu ; vous entendîtes le son des paroles, mais vous ne vîtes point de figure, vous n'entendîtes qu'une voix.* »

Note: D'après ce texte, on pourrait être porté à croire que Dieu s'adressa à son peuple directement !

2. Qu'en est-il en réalité ? Actes 7 : 30 - 32

« *Quarante ans plus tard, un ange lui apparut, au désert de la montagne de Sinaï, dans la flamme d'un buisson en feu. Moïse, voyant cela, fut étonné de cette apparition ; et, comme il s'approchait pour examiner, la voix du Seigneur se fit entendre : Je suis le Dieu de tes pères, le Dieu d'Abraham, d'Isaac et de Jacob. Et Moïse, tout tremblant, n'osait regarder.* »

3. Le Dieu de la Bible peut-il être vu directement par un Homme ?

Exode 33 : 20 « *L'Éternel dit : Tu ne pourras pas voir ma face, car l'homme ne peut me voir et vivre.* »

Note:

4. Qu'ont-ils donc vu tous ceux qui dans la Bible ont été transporté spirituellement dans le ciel ? Actes 7 : 55 – 56

Étienne « *Mais Étienne, rempli du Saint Esprit, et fixant les regards vers le ciel, vit la gloire de Dieu et Jésus debout à la droite de Dieu. Et il dit : Voici, je vois les cieux ouverts, et le Fils de l'homme debout à la droite de Dieu.* »

Paul de Tarse *2 Corinthiens 12 : 1 - 5* « *Il faut se glorifier... Cela n'est pas bon. J'en viendrai néanmoins à des visions et à des révélations du Seigneur. Je connais un homme en Christ, qui fut, il y a quatorze ans, ravi jusqu'au troisième ciel (si ce fut dans son corps je ne sais, si ce fut hors de son corps je ne sais, Dieu le sait). Et je sais que cet homme (si ce fut dans son corps ou sans son corps je ne sais, Dieu le sait) fut enlevé dans le paradis, et qu'il entendit des paroles ineffables qu'il n'est pas permis à un homme d'exprimer. Je me glorifierai d'un tel homme, mais de moi-même je ne me glorifierai pas, sinon de mes infirmités.* »

Jean de l'*Apocalypse 1 : 12- 18* « *Je me retournai pour connaître quelle était la voix qui me parlait. Et, après m'être retourné, je vis sept chandeliers d'or, et, au milieu des sept chandeliers, quelqu'un qui ressemblait à un fils d'homme, vêtu d'une longue robe, et ayant une ceinture d'or sur la poitrine. Sa tête et ses cheveux étaient blancs comme de la* *laine blanche, comme de la neige ; ses yeux étaient comme une flamme de feu ; ses pieds étaient semblables à de l'airain ardent, comme s'il eût été embrasé dans une fournaise ; et sa voix était comme le bruit de grandes eaux. Il avait dans sa main droite sept étoiles. De sa bouche sortait une épée aiguë, à deux tranchants ; et son visage était comme le soleil lorsqu'il brille dans sa force. Quand je le vis, je tombai à ses pieds comme mort. Il posa sur moi sa main droite en disant : Ne crains point ! Je suis le premier et le dernier, et le vivant. J'étais mort ; et voici, je suis vivant aux siècles des siècles. Je tiens les clefs de la mort et du séjour des morts.»*

Esaïe dans le livre qui porte son nom, aux références 6 : 1 - 3 « *L'année de la mort du roi Ozias, je vis le Seigneur assis sur un trône très élevé, et les pans de sa robe remplissaient le temple. Des séraphins se tenaient au-dessus de lui ; ils avaient chacun six ailes ; deux dont ils se couvraient la face, deux dont ils se couvraient les pieds, et deux dont ils se servaient pour voler. Ils criaient l'un à l'autre, et disaient : Saint, saint, saint est l'Éternel des armées ! Toute la terre est pleine de sa gloire !* » Esaïe 6 : 1 - 3 « *Alors je dis : Malheur à moi ! Je suis perdu, car je suis un homme dont les lèvres sont impures, j'habite au milieu* *d'un peuple dont les lèvres sont impures, et mes yeux ont vu le Roi, l'Éternel des armées.* »

Jérémie également dans Jérémie 1 : 9 « *Puis l'Éternel étendit sa main, et toucha ma bouche ; et l'Éternel me dit : Voici, je mets mes paroles dans ta bouche.* »

Ezéchiel toujours dans Ezéchiel 1: 26 – 28 « *Au-dessus du ciel qui était sur leurs têtes, il y avait quelque chose de semblable à une pierre de saphir, en forme de trône ; et sur cette forme de trône apparaissait comme une figure d'homme placé dessus en haut. Je vis encore comme de l'airain poli, comme du feu, au dedans duquel était cet homme, et qui rayonnait tout autour ; depuis la forme de ses reins jusqu'en haut, et depuis la forme de ses reins jusqu'en bas, je vis comme du feu, et comme une lumière éclatante, dont il était environné. Tel l'aspect de l'arc qui est dans la nue en un jour de pluie, ainsi était l'aspect de cette lumière éclatante, qui l'entourait : c'était une image de la gloire de l'Éternel. A cette vue, je tombai sur ma face, et j'entendis la voix de quelqu'un qui parlait.* »

5. Pour quoi l'Homme ne peut voir Dieu ?

Exode 33 : 20

« L'Éternel dit : Tu ne pourras pas voir ma face, car l'homme ne peut me voir et vivre. »

6. Existe-il un seul homme dont la Bible déclare qu'il aurait vu Dieu ?

Jean 6 : 46 « C'est que nul n'a vu le Père, sinon celui qui vient de Dieu ; celui-là a vu le Père. » Jean 1 : 18 « Personne n'a jamais vu Dieu ; le Fils unique, qui est dans le sein du Père, est celui qui l'a fait connaître. »

7. Les apôtres ont-ils demandé à Jésus de leur permettre de voir le Dieu Le Père ?

Jean 14 : 8 - 9 « Philippe lui dit : Seigneur, montre-nous le Père, et cela nous suffit. Jésus lui dit : Il y a si longtemps que je suis avec vous, et tu ne m'as pas connu, Philippe ! Celui qui m'a vu a vu le Père ; comment dis-tu : Montre-nous le Père ? »

8. Quel est le sens de cette parole de Jésus ? *Jean 10 : 30*

« *Moi et le Père nous sommes un.* » Jean 17 : 22 « *Je leur ai donné la gloire que tu m'as donnée, afin qu'ils soient un comme nous sommes un* » Colossiens 1 : 15 « *Il est l'image du Dieu invisible, le premier-né de toute la création. Car en lui ont été créées toutes les choses qui sont dans les cieux et sur la terre, les visibles et les invisibles, trônes, dignités, dominations, autorités. Tout a été créé par lui et pour lui. Il est avant toutes choses, et toutes choses subsistent en lui. Il est la tête du corps de l'Église ; il est le commencement, le premier né d'entre les morts, afin d'être en tout le premier.* »

9. Le terme premier né explique-t-il que Jésus fut créé avant sa naissance charnelle par Marie ? Proverbe 8 : 22 – 36

« *L'Éternel m'a créée la première de ses œuvres, Avant ses œuvres les plus anciennes. J'ai été établie depuis l'éternité, Dès le commencement, avant l'origine de la terre. Je fus enfantée quand il n'y avait point d'abîmes, Point de sources chargées d'eaux ; Avant que les montagnes soient affermies, Avant que les collines existent, je fus enfantée ; Il n'avait encore fait ni la terre, ni les campagnes, Ni le premier atome de la poussière du monde. Lorsqu'il disposa les cieux, j'étais là ; Lorsqu'il traça un cercle à la surface de l'abîme, Lorsqu'il fixa les nuages en haut, Et que les sources de l'abîme jaillirent avec force, Lorsqu'il donna une limite à la mer, Pour que les eaux n'en franchissent pas les bords, Lorsqu'il posa les fondements de la terre, J'étais à l'œuvre auprès de lui, Et je faisais tous les jours ses délices, Jouant sans cesse en sa présence, Jouant sur le globe de sa terre, Et trouvant mon bonheur parmi les fils de l'homme. Et maintenant, mes fils, écoutez-moi, Et heureux ceux qui observent mes voies ! Écoutez l'instruction, pour devenir sages, Ne la rejetez pas. Heureux l'homme qui m'écoute, Qui veille chaque jour à mes portes, Et qui en garde les poteaux ! Car celui qui me trouve a trouvé la vie, Et il obtient la faveur de l'Éternel. Mais celui qui pèche contre moi nuit à son âme ; Tous ceux qui me haïssent aiment la mort.* »

10. Observons les similitudes entre les deux textes Bibliques de l'Ancien et du Nouveau Testament : Proverbe 8 : 22 – 36 et Colossiens 1 : 15

Colossiens 1 : 15 « *Il est l'image du Dieu invisible, le premier-né de toute la création. Car en lui ont été créées toutes les choses qui sont dans les cieux et sur la terre, les visibles et les invisibles, trônes, dignités, dominations, autorités. Tout a été créé par lui et pour lui. Il est avant toutes choses, et toutes choses subsistent en lui. Il est la tête du corps de l'Église ; il est le commencement, le premier né d'entre les morts, afin d'être en tout le premier.* »

11. Ce terme premier né est-il également utilisé dans le nouveau testament ?

Apocalypse 22 : 13

« *Je suis l'alpha et l'oméga, le premier et le dernier, le commencement et la fin.* »

12. Qui est donc celui que tous les prophètes ont vu en vision ? *Deutéronome 5 : 6 – 11* « *Je suis l'Éternel, ton Dieu, qui t'ai fait sortir du pays d'Égypte, de la maison de servitude. Tu n'auras point d'autres dieux devant ma face. Tu ne te feras point d'image taillée, de représentation quelconque des choses qui sont en haut dans les cieux, qui sont en bas sur la terre, et qui sont dans les eaux plus basse que la terre. Tu ne te prosterneras point devant elles, et tu ne les serviras point ; car moi, l'Éternel, ton Dieu, je suis un Dieu jaloux, qui punis* *l'iniquité des pères sur les enfants jusqu'à la troisième et à la quatrième génération de ceux qui me haïssent, et qui fais miséricorde jusqu'en mille générations à ceux qui m'aiment et qui gardent mes commandements. Tu ne prendras point le nom de l'Éternel, ton Dieu, en vain ; car l'Éternel ne laissera point impuni celui qui prendra son nom en vain.* »

Note: Etant donné que Dieu ne peut être vu, on pourrait conclure que les commandements et lois qui furent proclamés et annoncés, étaient faits par l'entremise des anges de Dieu et non par Dieu Lui-même !

13. Que dit la Bible à ce propos ? Actes 7 : 53 « *Vous qui avez reçu la loi d'après des commandements d'anges, et qui ne l'avez point gardée ! ...* »

14. Quelle était la nature des anges envoyés par Dieu à ses prophètes telle que décrite dans la Bible ? Exode 23 : 20 - 24

« *Voici, j'envoie un ange devant toi, pour te protéger en chemin, et pour te faire arriver au lieu que j'ai préparé. Tiens-toi sur tes gardes en sa présence, et écoute sa voix ; ne lui résiste point, parce qu'il ne pardonnera pas vos péchés, car mon nom est en lui. Mais si tu écoutes sa voix, et si tu fais tout ce que je te dirai, je serai l'ennemi de tes ennemis et l'adversaire de tes adversaires. Mon ange marchera devant toi, et te conduira chez les Amoréens, les Héthiens, les Phéréziens, les Cananéens, les Héviens et les Jébusiens, et je les exterminerai. Tu ne te prosterneras point devant leurs dieux, et tu ne les serviras point ; tu n'imiteras point ces peuples dans leur conduite, mais tu les détruiras, et tu briseras leurs statues.* »

15. Lors de la rencontre entre l'armée d'Israël et l'ange, comment se présenta-il à Josué ? *Josué 5 : 13 – 15*

« *Comme Josué était près de Jéricho, il leva les yeux, et regarda. Voici, un homme se tenait debout devant lui, son épée nue dans la main. Il alla vers lui, et lui dit : Es-tu des nôtres ou de nos ennemis ? Il répondit : Non, mais je suis le chef de l'armée de l'Éternel, j'arrive maintenant. Josué tomba le visage contre terre, se prosterna, et lui dit : Qu'est-ce que mon seigneur dit à son serviteur ? Et le chef de l'armée de l'Éternel dit à Josué : Ote tes souliers de tes pieds, car le lieu sur lequel tu te tiens est saint. Et Josué fit ainsi.* »

16. Les anges envoyés de Dieu peuvent aussi venir sous une forme spirituelle. Voyons : *Hébreux 1 : 13 – 14*

« Et auquel des anges a-t-il jamais dit : Assieds-toi à ma droite, jusqu'à ce que je fasse de tes ennemis ton marchepied ? Ne sont-ils pas tous des esprits au service de Dieu, envoyés pour exercer un ministère en faveur de ceux qui doivent hériter du salut ? »

17. Quelle est la nature de Dieu, telle que décrite dans la Bible ?

Jean 4 : 24 « Dieu est Esprit, et il faut que ceux qui l'adorent, l'adorent en esprit et en vérité. »

18. Le Dieu de la Bible " YAHWEH " change-t-il ? *Malachie 3 : 16*

« Car je suis l'Éternel, je ne change pas ; Et vous, enfants de Jacob, vous n'avez pas été consumés. »

Note: Jésus aussi est déclaré ne plus jamais changé depuis qu'il est monté au ciel.

19. Mais de quelle nature Jésus est-il aujourd'hui dans le ciel ? Hébreux 13 : 8 « *Jésus Christ est le même hier, aujourd'hui, et éternellement.* » Hébreux 9 : 12 « *et il est entré une fois pour toutes dans le lieu très saint, non avec le sang des boucs et des veaux, mais avec son propre sang, ayant obtenu une rédemption éternelle.* » Hébreux 2 : 5 – 9 « *En effet, ce n'est pas à des anges que Dieu a soumis le monde à venir dont nous parlons. Or quelqu'un a rendu quelque part ce témoignage : Qu'est-ce que l'homme, pour que tu te souviennes de lui, Ou le fils de l'homme, pour que tu prennes soin de lui ? Tu l'as abaissé pour un peu de temps au-dessous des anges, Tu l'as couronné de gloire et d'honneur, Tu as mis toutes choses sous ses pieds. En effet, en lui soumettant toutes choses, Dieu n'a rien laissé qui ne lui fût soumis. Cependant, nous ne voyons pas encore maintenant que toutes choses lui soient soumises. Mais celui qui a été abaissé pour un peu de temps au-dessous des anges, Jésus, nous le voyons couronné de gloire et d'honneur à cause de la mort qu'il a soufferte, afin que, par la grâce de Dieu, il souffrît la mort pour tous.* »

20. Du fait que Jésus soit au ciel pour l'éternité fait-il de Lui d'être l'égal de Dieu ?

Philippiens 2 : 6 - 11

« Ayez-en vous les sentiments qui étaient en Jésus Christ, lequel, existant en forme de Dieu, n'a point regardé comme une proie à arracher d'être égal avec Dieu, mais s'est dépouillé lui-même, en prenant une forme de serviteur, en devenant semblable aux hommes ; et ayant paru comme un simple homme, il s'est humilié lui-même, se rendant obéissant jusqu'à la mort, même jusqu'à la mort de la croix. C'est pourquoi aussi Dieu l'a souverainement élevé, et lui a donné le nom qui est au-dessus de tout nom, afin qu'au nom de Jésus tout genou fléchisse dans les cieux, sur la terre et sous la terre, et que toute langue confesse que Jésus Christ est Seigneur, à la gloire de Dieu le Père. »

21. Dieu se compare-t-il à l'Homme ?

22. Dieu permet-il aux anges dans le ciel ou sur terre, de recevoir l'adoration ? *Apocalypse 19 : 10 « Et je tombai à ses pieds pour l'adorer ; mais il me dit : Garde-toi de le faire ! Je suis ton compagnon de service, et celui de tes frères qui ont le* *témoignage de Jésus. Adore Dieu. -Car le témoignage de Jésus est l'esprit de la prophétie. »*

23. Combien de fois Jean eut-il la tentation d'adorer l'ange ?

Apocalypse 22 : 8 - 9 « *C'est moi Jean, qui ai entendu et vu ces choses. Et quand j'eus entendu et vu, je tombai aux pieds de l'ange qui me les montrait, pour l'adorer. Mais il me dit : Garde-toi de le faire ! Je suis ton compagnon de service, et celui de tes frères les prophètes, et de ceux qui gardent les paroles de ce livre. Adore Dieu.* »

24. Qu'était devenu ce Jésus dont l'ange cite le nom dans *" adore Dieu, car le témoignage de Jésus est l'esprit de la prophétie"* ?

Apocalypse 22 : 10 – 16 « *Et je tombai à ses pieds pour l'adorer ; mais il me dit : Garde-toi de le faire ! Je suis ton compagnon de service, et celui de tes frères qui ont le témoignage de Jésus. Adore Dieu. -Car le témoignage de Jésus est l'esprit de la prophétie. Puis je vis le ciel ouvert, et voici, parut un cheval blanc. Celui qui le montait s'appelle*

Fidèle et Véritable, et il juge et combat avec justice. Ses yeux étaient comme une flamme de feu ; sur sa tête étaient plusieurs diadèmes ; il avait un nom écrit, que personne ne connaît, si ce n'est lui-même ; et il était revêtu d'un vêtement teint de sang. Son nom est la Parole de Dieu. Les armées qui sont dans le ciel le suivaient sur des chevaux blancs, revêtues d'un fin lin, blanc, pur. De sa bouche sortait une épée aiguë, pour frapper les nations ; il les paîtra avec une verge de fer ; et il foulera la cuve du vin de l'ardente colère du Dieu tout puissant. Il avait sur son vêtement et sur sa cuisse un nom écrit : Roi des rois et Seigneur des seigneurs. »

Note: Le nom de cet ange-là démontre l'identité de celui qui dirige les armées de l'Eternel dans le ciel : « *Celui qui le montait s'appelle Fidèle et Véritable, et il juge et combat avec justice.* » Pour ce qui est de son suprême sacrifice « *…il était revêtu d'un vêtement teint de sang.* » L'élément de la création du monde et de l'univers revient ici « *Son nom est la Parole de Dieu.* » Enfin de sa suprême onction de Souverain Guide des armées du ciel, on trouve encore, « *…Les armées qui sont dans le ciel le suivaient sur des chevaux blancs, revêtues d'un fin lin, blanc, pur* »

25. Qu'en est-il des Nations dont il a opéré le salut par le moyen de son sacrifice de sang ? Apocalypse 22 : 10 – 16

« *...il les paîtra avec une verge de fer* »

26. Revient-Il comme Dieu ou comme Roi ?

Apocalypse 22 : 10 – 16 « *...Roi des rois et Seigneur des seigneurs.* »

Note: certaines personnes pourraient être tentées d'appliquer le passage suivant de 1 Timothée et d'Apocalypse à Dieu comme à Jésus.

27. Cela est-il vérifié ainsi ?

1 Timothée 6 : 16 « *Je te recommande, devant Dieu qui donne la vie à toutes choses, et devant Jésus Christ, qui fit une belle confession devant Ponce Pilate, de garder le commandement, et de vivre sans tache, sans reproche, jusqu'à l'apparition de notre Seigneur Jésus Christ, que manifestera en son temps le bienheureux et seul souverain, le roi des rois, et le Seigneur des seigneurs, qui seul possède l'immortalité, qui habite une lumière inaccessible, que nul*

homme n'a vu ni ne peut voir, à qui appartiennent l'honneur et la puissance éternelle. Amen ! »

28. A qui appartiennent-ils l'honneur et la puissance éternelle ? 1 Timothée 6 : 16 « *Le Roi des rois, et le Seigneur des seigneurs, qui seul possède l'immortalité* »

Note: Il est dit de Jésus qu'il possède tous ces attributs également !

29. Mais que déclare la suite du texte ? 1 Timothée 6 : 16

« *Qui habite une lumière inaccessible, que nul homme n'a vu ni ne peut voir* »

Note: Nous comprenons avec ces attributs qui viennent d'être énoncés qu'il s'agit bien de Dieu !

30. Dieu partage-t-il sa gloire avec un Homme ? Deutéronome 4 : 35 – 40

« *Tu as été rendu témoin de ces choses, afin que tu reconnusses que l'Éternel est Dieu, qu'il n'y en a point d'autre. Du ciel, il t'a fait entendre sa voix pour t'instruire ;*

et, sur la terre, il t'a fait voir son grand feu, et tu as entendu ses paroles du milieu du feu. Il a aimé tes pères, et il a choisi leur postérité après eux ; il t'a fait lui-même sortir d'Égypte par sa grande puissance ; il a chassé devant toi des nations supérieures en nombre et en force, pour te faire entrer dans leur pays, pour t'en donner la possession, comme tu le vois aujourd'hui. Sache donc en ce jour, et retiens dans ton cœur que l'Éternel est Dieu, en haut dans le ciel et en bas sur la terre, et qu'il n'y en a point d'autre. Et observe ses lois et ses commandements que je te prescris aujourd'hui, afin que tu sois heureux, toi et tes enfants après toi, et que tu prolonges désormais tes jours dans le pays que l'Éternel, ton Dieu, te donne. »

31. Quel est le risque qui avait cours du temps de Jésus sur sa nature ? *1 Jean 4*

« *Bien-aimés, n'ajoutez pas foi à tout esprit ; mais éprouvez les esprits, pour savoir s'ils sont de Dieu, car plusieurs faux prophètes sont venus dans le monde. Reconnaissez à ceci l'Esprit de Dieu : tout esprit qui confesse Jésus Christ venu en chair est de Dieu ; et tout esprit qui ne confesse pas Jésus n'est pas de Dieu, c'est celui de l'antéchrist, dont vous avez appris la venue, et qui maintenant est déjà dans le monde.* »

32. De qui vient l'enseignement de Jésus-Christ homme ? 1 Jean 4

« *Vous, petits-enfants, vous êtes de Dieu, et vous les avez vaincus, parce que celui qui est en vous est plus grand que celui qui est dans le monde. Eux, ils sont du monde ; c'est pourquoi ils parlent d'après le monde, et le monde les écoute.* » 1 Jean 4 « *Nous, nous sommes de Dieu ; celui qui connaît Dieu nous écoute ; celui qui n'est pas de Dieu ne nous écoute pas : c'est par là que nous connaissons l'esprit de la vérité et l'esprit de l'erreur.* »

33. A quel moment devait apparaitre l'enseignement d'un autre Jésus ? 1 Jean 2 : 18

« *Petits enfants, c'est la dernière heure, et comme vous avez appris qu'un antéchrist vient, il y a maintenant plusieurs antéchrists : par là nous connaissons que c'est la dernière heure.* »

34. Quels qualificatifs leur est attribués ? 2 Jean 7

« *Car plusieurs séducteurs sont entrés dans le monde, qui ne confessent point que Jésus Christ est venu en chair* ».

35. En tant que séducteurs, comment la Bible les qualifient-ils encore ? 2 Jean 7

« Celui qui est tel, c'est le séducteur et l'antéchrist. Prenez garde à vous-mêmes, afin que vous ne perdiez pas le fruit de votre travail, mais que vous receviez une pleine récompense. Quiconque va plus loin et ne demeure pas dans la doctrine de Christ n'a point Dieu ; celui qui demeure dans cette doctrine a le Père et le Fils. » 2 Jean 7 « Si quelqu'un vient à vous et n'apporte pas cette doctrine, ne le recevez pas dans votre maison, et ne lui dites pas : Salut ! Car celui qui lui dit : Salut ! Participe à ses mauvaises œuvres. »

36. Le terme " *cette doctrine* " à quoi fait-il allusion dans 2 Jean 7 ?

1 Timothée 2 : 5-7 « Car il y a un seul Dieu, et aussi un seul médiateur entre Dieu et les hommes, Jésus Christ homme, qui s'est donné lui-même en rançon pour tous. C'est là le témoignage rendu en son propre temps, et pour lequel j'ai été établi prédicateur et apôtre, -je dis la vérité, je ne mens pas, -chargé d'instruire les païens dans la foi et la vérité. »

37. Quel était également le nom que Jésus se donnait-il Lui-même ?

Mathieu 8 : 20 « *Jésus lui répondit : Les renards ont des tanières, et les oiseaux du ciel ont des nids ; mais le Fils de l'homme n'a pas où reposer sa tête.* »

38. Combien de fois est-il appelé de ce nom de fils de l'homme ?

Note: Dans le nouveau testament seulement ce terme fils de l'homme est employé au moins 90 fois soit par Jésus Lui-même, ou alors par ces témoins. Il faut donc comprendre combien Jésus-Christ a bien voulu que ceux qui les croiraient en Lui ne le confondent nullement dans sa nature en venant sur terre.

37. Comment comprendre cette puissance déployée dans Le Fils de Dieu ? Jean 1 : 1

« *Toutes choses ont été faites par elle, et rien de ce qui a été fait n'a été fait sans elle. En elle était la vie, et la vie était la lumière des hommes.* »

38. Mais quelle était initialement sa nature avant d'apparaitre aux Hommes ? *Proverbe 8 : 1 -22*

« L'Éternel m'a créée la première de ses œuvres, Avant ses œuvres les plus anciennes. J'ai été établie depuis l'éternité, Dès le commencement, avant l'origine de la terre. »

39. Jésus fut-il enfanté ? A-t-il connu un commencement ? Une création comme tous les êtres ? *Proverbe 8 : 1 -22*

« Je fus enfantée quand il n'y avait point d'abîmes, Point de sources chargées d'eaux »

40. Etait-il avant la création des montagnes de la terre ?

Proverbe 8 : 1 -22 « Avant que les montagnes soient affermies, Avant que les collines existent, je fus enfantée ; Il n'avait encore fait ni la terre, ni les campagnes, Ni le premier atome de la poussière du monde. »

41. Etait-il avant la création du ciel ? *Proverbe 8 : 1 -22*

« Lorsqu'il disposa les cieux, j'étais là ; Lorsqu'il traça un cercle à la surface de l'abîme, Lorsqu'il fixa les nuages en haut, Et que les sources de l'abîme jaillirent avec force, Lorsqu'il donna une limite à la mer, Pour que les eaux n'en franchissent pas les bords, Lorsqu'il posa les fondements de la terre »

42. Quel était son rôle auprès de Dieu ?

Proverbe 8 : 1 -22

« J'étais à l'œuvre auprès de lui »

43. Quel sentiment vis-à-vis du Père, l'animait-il sur terre en présence d'autres Hommes dès la création de l'Homme ?

Proverbe 8 : 1 -22 « Et je faisais tous les jours ses délices, Jouant sans cesse en sa présence, Jouant sur le globe de sa terre, Et trouvant mon bonheur parmi les fils de l'homme. »

Note: Voilà pourquoi lors de la création, les deux pouvaient se dire l'un à l'autre faisons l'homme à notre image à notre ressemblance, tel que Genèse le rapporte. *Genèse 1 : 26 - 27 « Puis Dieu dit : Faisons l'homme à notre image, selon notre ressemblance, et qu'il domine sur les poissons de la mer, sur les oiseaux du ciel,* *sur le bétail, sur toute la terre, et sur tous les reptiles qui rampent sur la terre. Dieu créa l'homme à son image, il le créa à l'image de Dieu, il créa l'homme et la femme.* »

44. Comment Jésus appelle-t-il ceux qui Lui obéissent ?

Proverbe 8 : 1 -22 « *Et maintenant, mes fils, écoutez-moi, Et heureux ceux qui observent mes voies ! Écoutez l'instruction, pour devenir sages, Ne la rejetez pas. Heureux l'homme qui m'écoute, Qui veille chaque jour à mes portes, Et qui en garde les poteaux ! Car celui qui me trouve a trouvé la vie, Et il obtient la faveur de l'Éternel.* »

45. Comment est qualifié Jésus dans ce passage avant qu'il apparaisse aux fils des Hommes ? Proverbes 8 : 1-21

« *La sagesse ne crie-t-elle pas ? L'intelligence n'élève-t-elle pas sa voix ? C'est au sommet des hauteurs près de la route, C'est à la croisée des chemins qu'elle se place ; A côté des portes, à l'entrée de la ville, A l'intérieur des portes, elle fait entendre ses cris : Hommes, c'est à vous que je crie, Et ma voix s'adresse aux fils de l'homme. Stupides, apprenez le discernement ; Insensés, apprenez l'intelligence. Écoutez, car j'ai de grandes choses à dire, Et mes lèvres s'ouvrent pour enseigner ce qui est droit. Car ma bouche proclame la vérité, Et mes lèvres ont en horreur le mensonge ; Toutes les paroles de ma bouche sont justes, Elles n'ont rien de faux ni de détourné ; Toutes sont claires pour celui qui est intelligent, Et droites pour ceux qui ont trouvé la science. Préférez mes instructions à l'argent, Et la science à l'or le plus précieux ; Car la sagesse vaut mieux que les perles, Elle a plus de valeur que tous les objets de prix. Moi, la sagesse, j'ai pour demeure le discernement, Et je possède la science de la réflexion. La crainte de l'Éternel, c'est la haine du mal ; L'arrogance et l'orgueil, la voie du mal, Et la bouche perverse, voilà ce que je hais. Le conseil et le succès m'appartiennent ; Je suis l'intelligence, la force est à moi. Par moi les rois règnent, Et les princes ordonnent ce qui est juste ; Par moi gouvernent les chefs, Les grands, tous les juges de la terre. J'aime ceux qui m'aiment, Et ceux qui me cherchent me trouvent. Avec moi sont la richesse et la gloire, Les biens durables et la justice. Mon fruit est meilleur que l'or, que l'or pur, Et mon produit est préférable à l'argent. Je marche dans le chemin de la justice, Au milieu des sentiers de la droiture, Pour donner des biens à ceux qui m'aiment, Et pour remplir leurs trésors.* »

Job 28 : 27 « *Alors il vit la sagesse et la manifesta, Il en posa les fondements et la mit à l'épreuve.* »

46. Quels risques encours ceux et celles qui n'écoutent pas cette doctrine de Jésus Christ " homme " ? Proverbe 8 : 1 -22

« *Mais celui qui pèche contre moi nuit à son âme ; Tous ceux qui me haïssent aiment la mort.* »

Note: Sans oublier surtout les conséquences que vont subir tous ceux qui refuseront de recevoir le véritable enseignement de Dieu sur le Sauveur qu'il nous a envoyé ! 1 Jean 4 : 1-3 « *Bien-aimés, n'ajoutez pas foi à tout esprit ; mais éprouvez les esprits, pour savoir s'ils sont de Dieu, car plusieurs faux prophètes sont venus dans le monde. Reconnaissez à ceci l'Esprit de Dieu : tout esprit qui confesse Jésus Christ venu en chair est de Dieu ; et tout esprit qui ne confesse pas Jésus n'est pas de Dieu, c'est celui de l'antéchrist, dont vous avez appris la venue, et qui maintenant est déjà dans le monde.* »

47. De qui serait-il issu cet Antéchrist, annoncé dans le précédent passage ? 1 Jean 4 : 1-3

« C'est celui de l'antéchrist, dont vous avez appris la venue, et qui maintenant est déjà dans le monde. »

Note: Pour bien saisir les enjeux de cet enseignement, nous vous conseillons vivement d'étudier les leçons précédentes qui traitent des questions en rapport avec l'avertissement donné ici sur l'Antéchrist. Voir à ce sujet dans cette série d'étude Biblique : la leçon N° 03 *"LE SIGNE DE LA BETE, LE "666" DANS LA BIBLE, ET LA FIN DU MONDE".*

Et la leçon N° 04 *"LE SIGNE DE LA BETE, LE (666) REVELE."*

48. Quels seront les risques que vont endurer les Hommes avant le retour du Christ ?

Apocalypse 13 : 16-18 « *Et elle fit que tous, petits et grands, riches et pauvres, libres et esclaves, reçussent une marque sur leur main droite ou sur leur front, et que personne ne pût acheter ni vendre, sans avoir la marque, le nom de la bête ou le nombre de son nom. C'est ici la sagesse. Que celui qui a de l'intelligence calcule le nombre de la bête. Car c'est un nombre d'homme, et son nombre est six cent soixante-six.* »

49. Quel enseignements avaient-ils cours dans les Eglises du temps où Paul prêchait l'évangile ? 1 Timothée 2 : 4 - 5

« Car il y a un seul Dieu, et aussi un seul médiateur entre Dieu et les hommes, Jésus Christ homme, qui s'est donné lui-même en rançon pour tous. C'est là le témoignage rendu en son propre temps, et pour lequel j'ai été établi prédicateur et apôtre, -je dis la vérité, je ne mens pas, -chargé d'instruire les païens dans la foi et la vérité. »

50. Les démons connaissent-ils l'existence d'un Seul Dieu Suprême ?

Jacques 2 : 19 *« Tu crois qu'il y a un seul Dieu, tu fais bien ; les démons le croient aussi, et ils tremblent. »*

51. Lorsque Jésus fut ressuscité avait-il toujours une forme humaine ? Luc 24 : 36 - 41

« Tandis qu'ils parlaient de la sorte, lui-même se présenta au milieu d'eux, et leur dit : La paix soit avec vous ! Saisis de frayeur et d'épouvante, ils croyaient voir un esprit. Mais il leur dit : Pourquoi êtes-vous troublés, et pourquoi

pareilles pensées s'élèvent-elles dans vos cœurs ? Voyez mes mains et mes pieds, c'est bien moi ; touchez-moi et voyez : un esprit n'a ni chair ni os, comme vous voyez que j'ai. Et en disant cela, il leur montra ses mains et ses pieds. Comme, dans leur joie, ils ne croyaient point encore, et qu'ils étaient dans l'étonnement, il leur dit : Avez-vous ici quelque chose à manger ? Ils lui présentèrent du poisson rôti et un rayon de miel. Il en prit, et il mangea devant eux. Puis il leur dit : C'est là ce que je vous disais lorsque j'étais encore avec vous, qu'il fallait que s'accomplît tout ce qui est écrit de moi dans la loi de Moïse, dans les prophètes, et dans les psaumes. Alors il leur ouvrit l'esprit, afin qu'ils comprissent les Écritures »

52. Ce " Jésus " qui est monté au ciel changera-t-il de nature pour être égal à Dieu ? *Hébreux 13 : 8*

« Jésus Christ est le même hier, aujourd'hui, et éternellement. »

53. En tant qu'Homme quelle mission Lui fut-il assigné auprès du Père ? *Hébreux 7 : 24*

« Mais lui, parce qu'il demeure éternellement, possède un sacerdoce qui n'est pas transmissible. »

54. En quoi consiste le " Sacerdoce Non Transmissible De Jésus-Christ " aujourd'hui et éternellement ? Jean 1.26

« Jean leur répondit : Moi, je baptise d'eau, mais au milieu de vous il y a quelqu'un que vous ne connaissez pas, qui vient après moi ; Je ne le connaissais pas, mais c'est afin qu'il fût manifesté à Israël que je suis venu baptiser d'eau. Jean rendit ce témoignage : J'ai vu l'Esprit descendre du ciel comme une colombe et s'arrêter sur lui. Je ne le connaissais pas, mais celui qui m'a envoyé baptiser d'eau, celui-là m'a dit : Celui sur qui tu verras l'Esprit descendre et s'arrêter, c'est celui qui baptise du Saint Esprit. Et j'ai vu, et j'ai rendu témoignage qu'il est le Fils de Dieu. »

55. Les Hommes connaissent-ils le " Vrai Dieu " quand ils confondent et adorent Jésus en tant que Dieu ? Jean 4 : 20 - 24

« Nos pères ont adoré sur cette montagne ; et vous dites, vous, que le lieu où il faut adorer est à Jérusalem. Femme, lui dit Jésus, crois-moi, l'heure vient où ce ne sera ni sur

cette montagne ni à Jérusalem que vous adorerez le Père. Vous adorez ce que vous ne connaissez pas ; nous, nous adorons ce que nous connaissons, car le salut vient des Juifs. Mais l'heure vient, et elle est déjà venue, où les vrais adorateurs adoreront le Père en esprit et en vérité ; car ce sont là les adorateurs que le Père demande. Dieu est Esprit, et il faut que ceux qui l'adorent, l'adorent en esprit et en vérité. »

56. Est-il permis et recommandé d'adorer jésus ? Deutéronome 4 : 14 – 20

« En ce temps-là, l'Éternel me commanda de vous enseigner des lois et des ordonnances, afin que vous les mettiez en pratique dans le pays dont vous allez prendre possession. Puisque vous n'avez vu aucune figure le jour où l'Éternel vous parla du milieu du feu, à Horeb, veillez attentivement sur vos âmes, de peur que vous ne vous corrompiez et que vous ne vous fassiez une image taillée, une représentation de quelque idole, la figure d'un homme ou d'une femme, la figure d'un animal qui soit sur la terre, la figure d'un oiseau qui vole dans les cieux, la figure d'une bête qui rampe sur le sol, la figure d'un poisson qui vive dans les eaux au-dessous de la terre. Veille sur ton âme, de peur que, levant tes yeux

vers le ciel, et voyant le soleil, la lune et les étoiles, toute l'armée des cieux, tu ne sois entraîné à te prosterner en leur présence et à leur rendre un culte : ce sont des choses que l'Éternel, ton Dieu, a données en partage à tous les peuples, sous le ciel tout entier. Mais vous, l'Éternel vous a pris, et vous a fait sortir de la fournaise de fer de l'Égypte, afin que vous fussiez un peuple qui lui appartînt en propre, comme vous l'êtes aujourd'hui. »

CONCLUSION

Esaïe 43 : 1 – 25 « *Ainsi parle maintenant l'Éternel, qui t'a créé, ô Jacob ! Celui qui t'a formé, ô Israël ! Ne crains rien, car je te rachète, Je t'appelle par ton nom : tu es à moi ! Si tu traverses les eaux, je serai avec toi ; Et les fleuves, ils ne te submergeront point ; Si tu marches dans le feu, tu ne te brûleras pas, Et la flamme ne t'embrasera pas. Car je suis l'Éternel, ton Dieu, Le Saint d'Israël, ton sauveur ; Je donne l'Égypte pour ta rançon, L'Éthiopie et Saba à ta place. Parce que tu as du prix à mes yeux, Parce que tu es honoré et que je t'aime, Je donne des hommes à ta place, Et des peuples pour ta vie. Ne crains rien, car je suis avec toi ; Je ramènerai de l'orient ta race, Et je te rassemblerai de l'occident. Je dirai au septentrion : Donne ! Et au midi : Ne retiens point ! Fais venir mes fils des pays lointains, Et mes filles de l'extrémité de la terre, Tous ceux qui s'appellent de mon nom, Et que j'ai créés pour ma gloire, Que j'ai formés et que j'ai faits. Qu'on fasse sortir le peuple aveugle, qui a des yeux, Et les sourds, qui ont des oreilles. Que toutes les nations se rassemblent, Et que les peuples se réunissent. Qui d'entre eux a annoncé ces choses ? Lesquels nous ont fait entendre les premières prédictions ? Qu'ils produisent leurs témoins et établissent leur droit ; Qu'on écoute et qu'on dise : C'est vrai ! Vous êtes mes témoins, dit l'Éternel, Vous, et mon serviteur que j'ai choisi, Afin que vous le sachiez, Que vous me croyiez et compreniez que c'est moi : Avant moi il n'a point été formé de Dieu, Et après moi il n'y en aura point. C'est moi, moi qui suis l'Éternel, Et hors moi il n'y a point de sauveur. C'est moi qui ai annoncé, sauvé, prédit, Ce n'est point parmi vous un dieu étranger ; Vous êtes mes témoins, dit l'Éternel, C'est moi qui suis Dieu. Je le suis dès le commencement, Et nul ne délivre de ma main ; J'agirai : qui s'y opposera ? Ainsi parle l'Éternel, Votre rédempteur, le Saint d'Israël : A cause de vous, j'envoie l'ennemi contre Babylone, Et je fais descendre tous les fuyards, Même les Chaldéens, sur les navires dont ils tiraient gloire. Je suis l'Éternel, votre Saint, Le créateur d'Israël, votre roi. Ainsi parle l'Éternel, Qui fraya dans la mer un chemin, Et dans les eaux puissantes un sentier, Qui mit en campagne des chars et des chevaux, Une armée et de vaillants guerriers, Soudain couchés ensemble, pour ne plus se relever, Anéantis, éteints comme une mèche : Ne pensez plus aux événements passés, Et ne considérez plus ce qui est ancien. Voici, je vais faire une chose nouvelle, sur le point d'arriver*

: Ne la connaîtrez-vous pas ? Je mettrai un chemin dans le désert, Et des fleuves dans la solitude. Les bêtes des champs me glorifieront, Les chacals et les autruches, Parce que j'aurai mis des eaux dans le désert, Des fleuves dans la solitude, Pour abreuver mon peuple, mon élu. Le peuple que je me suis formé Publiera mes louanges. Et tu ne m'as pas invoqué, ô Jacob ! Car tu t'es lassé de moi, ô Israël ! Tu ne m'as pas offert tes brebis en holocauste, Et tu ne m'as pas honoré par tes sacrifices ; Je ne t'ai point tourmenté pour des offrandes, Et je ne t'ai point fatigué pour de l'encens. Tu n'as pas à prix d'argent acheté pour moi des aromates, Et tu ne m'as pas rassasié de la graisse de tes sacrifices ; Mais tu m'as tourmenté par tes péchés, Tu m'as fatigué par tes iniquités. C'est moi, moi qui efface tes transgressions pour l'amour de moi, Et je ne me souviendrai plus de tes péchés. »

IL Y A UN SEUL DIEU !

Ephésiens 4 : 4 - 6

SOMMAIRE

5. Pour quoi l'Homme ne peut voir Dieu ? *Exode 33 : 20*
6. Existe-il un seul homme dont la Bible déclare qu'il aurait vu Dieu ?
Jean 6 : 46
7. Les apôtres ont-ils demandé à Jésus de leur permettre de voir le Dieu Le Père ?
Jean 14 : 8 - 9
8. Quel est le sens de cette parole de Jésus ? *Jean 10 : 30*
9. Le terme premier né explique-t-il que Jésus fut créé avant sa naissance charnelle par Marie ?
Proverbe 8 : 22 – 36
10. Observons les similitudes entre les deux textes Bibliques de l'Ancien et du Nouveau Testament : *Proverbe 8 : 22 – 36* et *Colossiens 1 : 15*
Colossiens 1 : 15
11. Ce terme premier né est-il également utilisé dans le nouveau testament ? *Apocalypse 22 : 13*
12. Qui est donc celui que tous les prophètes ont vu en vision ? *Deutéronome 5 : 6 – 11*
13. Que dit la Bible à ce propos ? *Actes 7 : 53*

14. Quelle était la nature des anges envoyés par Dieu à ses prophètes telle que décrite dans la Bible ? *Exode 23 : 20 - 24*

15. Lors de la rencontre entre l'armée d'Israël et l'ange, comment se présenta-il à Josué ? *Josué 5 : 13 – 15*

16. Les anges envoyés de Dieu peuvent aussi venir sous une forme spirituelle. Voyons : *Hébreux 1 : 13 – 14*

17. Quelle est la nature de Dieu, telle que décrite dans la Bible ?

Jean 4 : 24 «

18. Le Dieu de la Bible '' YAHWEH '' change-t-il ? *Malachie 3 : 16*

19. Mais de quelle nature Jésus est-il aujourd'hui dans le ciel ? *Hébreux 13 : 8* «

20. Du fait que Jésus soit au ciel pour l'éternité fait-il de Lui d'être l'égal de Dieu ? *Philippiens 2 : 6 - 11*

21. Dieu se compare-t-il à l'Homme ?

22. Dieu permet-il aux anges dans le ciel ou sur terre, de recevoir l'adoration ? *Apocalypse 19 : 10*

23. Combien de fois Jean eut-il la tentation d'adorer l'ange ?

Apocalypse 22 : 8 - 9

24. Qu'était devenu ce Jésus dont l'ange cite le nom dans *'' adore Dieu, car le témoignage de Jésus est l'esprit de la prophétie''* ?

Apocalypse 22 : 10 – 16

25. Qu'en est-il des Nations dont il a opéré le salut par le moyen de son sacrifice de sang ?

Apocalypse 22 : 10 – 16

26. Revient-Il comme Dieu ou comme Roi ?

Apocalypse 22 : 10 – 16 «

27. Cela est-il vérifié ainsi ? *1 Timothée 6 : 16*

28. A qui appartiennent-ils l'honneur et la puissance éternelle ? *1 Timothée 6 : 16*

29. Mais que déclare la suite du texte ? *1 Timothée 6 : 16*

30. Dieu partage-t-il sa gloire avec un Homme ?

Deutéronome 4 : 35 – 40

31. Quel est le risque qui avait cours du temps de Jésus sur sa nature ? *1 Jean 4*

32. De qui vient l'enseignement de Jésus-Christ homme ? *1 Jean 4*

33. A quel moment devait apparaitre l'enseignement d'un autre Jésus ? *1 Jean 2 : 18*

34. Quels qualificatifs leur est attribués ? *2 Jean 7*

35. En tant que séducteurs, comment la Bible les qualifient-ils encore ? *2 Jean 7*

36. Le terme *'' cette doctrine ''* à quoi fait-il allusion dans *2 Jean 7* ?

1 Timothée 2 : 5-7

37. Quel était également le nom que Jésus se donnait-il Lui-même ?

Mathieu 8 : 20

38. Combien de fois est-il appelé de ce nom de fils de l'homme ?

39. Comment comprendre cette puissance déployée dans Le Fils de Dieu ? *Jean 1 : 1*

40. Mais quelle était initialement sa nature avant d'apparaitre aux Hommes ? *Proverbe 8 : 1 -22*

41. Jésus fut-il enfanté ? A-t-il connu un commencement ? Une création comme tous les êtres ? *Proverbe 8 : 1 -22*

42. Etait-il avant la création des montagnes de la terre ?

Proverbe 8 : 1 -22

43. Etait-il avant la création du ciel ? *Proverbe 8 : 1 -22*

44. Quel était son rôle auprès de Dieu ? *Proverbe 8 : 1 -22*

45. Quel sentiment vis-à-vis du Père, l'animait-il sur terre en présence d'autres Hommes dès la création de l'Homme ?
Proverbe 8 : 1 -22

46. Comment Jésus appelle-t-il ceux qui Lui obéissent ?
Proverbe 8 : 1 -22

47. Comment est qualifié Jésus dans ce passage avant qu'il apparaisse aux fils des Hommes ?
Proverbes 8 : 1-21

48. Quels risques encours ceux et celles qui n'écoutent pas cette doctrine de Jésus Christ " homme " ? *Proverbe 8 : 1 -22*

49. De qui serait-il issu cet Antéchrist, annoncé dans le précédent passage ? *1 Jean 4 : 1-3*

50. Quels seront les risques que vont endurer les Hommes avant le retour du Christ ? *Apocalypse 13 : 16-18*

51. Quel enseignements avaient-ils cours dans les Eglises du temps où Paul prêchait l'évangile ?
1 Timothée 2 : 4 - 5

52. Les démons connaissent-ils l'existence d'un Seul Dieu Suprême ?
Jacques 2 : 19

53. Lorsque Jésus fut ressuscité avait-il toujours une forme humaine ? *Luc 24 : 36 - 41*

54. Ce '' Jésus '' qui est monté au ciel changera-t-il de nature pour être égal à Dieu ? *Hébreux 13 : 8*

55. En tant qu'Homme quelle mission Lui fut-il assigné auprès du Père ? *Hébreux 7 : 24*

56. En quoi consiste le '' Sacerdoce Non Transmissible De Jésus-Christ '' aujourd'hui et éternellement ? *Jean 1.26*

57. Les Hommes connaissent-ils le '' Vrai Dieu '' quand ils confondent et adorent Jésus en tant que Dieu ? *Jean 4 : 20 - 24*

58. Est-il permis et recommandé d'adorer jésus ?
Deutéronome 4 : 14 – 20

CONCLUSION

SOMMAIRE

DANS LA MEME COLLECTION D'ETUDE BIBLIQUE

DANS LA MEME COLLECTION D'ETUDE BIBLIQUE :

1. LA PLUS LONGUE PROPHETIE DE LA BIBLE ; TITRE I, LE BAPTEME DE JESUS-CHRIST, **L'ONCTION DU SAINT DES SAINTS.**
2. **LA PLUS LONGUE PROPHETIE DE LA BIBLE ; TITRE II, LA PURIFICATION DU SANCTUAIRE, SATAN EST CHASSE HORS DU CIEL.**
3. **LA FIN DU MONDE DANS LA BIBLE ET LE SIGNE DE LA BETE, LE « 666 ».**
4. **LE GRAND SIGNE DE LA BETE, LE (666) REVELE.**
5. **COMMENT LES HOMMES ONT-ILS DEJA PRIS LE (666) LE SIGNE DE LA BETE SUR LE FRONT ?**
6. **COMMENT LES HOMMES ONT-ILS DEJA PRIS LE (666) LE SIGNE DE LA BETE SUR LA MAIN ?**
7. **LES DIX COMMANDEMENTS DE DIEU ET LE SALUT EN JESUS-CHRIST.**
8. **LA DIME, LE PECHE DE JUDAS DANS L'EGLISE CONTEMPORAINE APOSTASIEE.**
9. **QUELS SONT LES AUTRES SIGNES DE LA BETE ?**
10. **LE FONCTIONNEMENT DE L'EGLISE APOSTAT.**

11. LE PARADIS ET L'ESPERANCE CHRETIENNE.
12. L'EGLISE, LES CHRETIENS.
13. QUI EST LE VRAI DIEU ?
14. IL YA UN SEUL DIEU !
15. IL YA UN SEUL SEIGNEUR !
16. IL YA UN SEUL ESPRIT !
17. IL YA UNE SEULE FOI !
18. IL YA UNE SEULE ESPERANCE !
19. IL YA UN SEUL CORPS !
20. IL YA UN SEUL BAPTEME !
21. LE SCEAU DE DIEU DANS L'APOCALYPSE.
22. LE SCEAU DU DIABLE DANS L'APOCALYPSE.
23. LE JOUR OU LE VATICAN, LA GRANDE PROSTITUEE, LA MERE DES IMPUDIQUES SERA DETRUITE.
24. VOICI LE GRAND SIGNE DE LA FIN DES TEMPS, ET DU RETOUR DE JESUS-CHRIST.
25. LE MOUVEMENT ISLAMIQUE DECRIT DANS LE LIVRE DE L'APOCALYPSE.

26. **LA DERNIERE EGLISE, LES 144 000, LE RETOUR DU SEIGNEUR JESUS-CHRIST, ET L'ETERNITE.**

27. **VINGT ET SEPTIEME ECRITURE : LE TEMOIGNAGE. VIE ET TEMOIGNAGES CHRETIEN !**

I want morebooks!

Buy your books fast and straightforward online - at one of world's fastest growing online book stores! Environmentally sound due to Print-on-Demand technologies.

Buy your books online at

www.morebooks.shop

Achetez vos livres en ligne, vite et bien, sur l'une des librairies en ligne les plus performantes au monde!
En protégeant nos ressources et notre environnement grâce à l'impression à la demande.

La librairie en ligne pour acheter plus vite

www.morebooks.shop

KS OmniScriptum Publishing
Brivibas gatve 197
LV-1039 Riga, Latvia
Telefax: +371 686 204 55

info@omniscriptum.com
www.omniscriptum.com

Printed by Books on Demand GmbH, Norderstedt / Germany